Impressum
Verlag: BABADADA GmbH, Nedderfeld 112 , 22529 Hamburg
Geschäftsführer / Verlagsleitung: Harald Hof
Druck: Books on Demand GmbH, In de Tarpen 42, 22848 Norderstedt

Imprint
Publisher: BABADADA GmbH, Nedderfeld 112 , 22529 Hamburg, Germany
Managing Director / Publishing direction: Harald Hof
Print: Books on Demand GmbH, In de Tarpen 42, 22848 Norderstedt

school

d Schuel

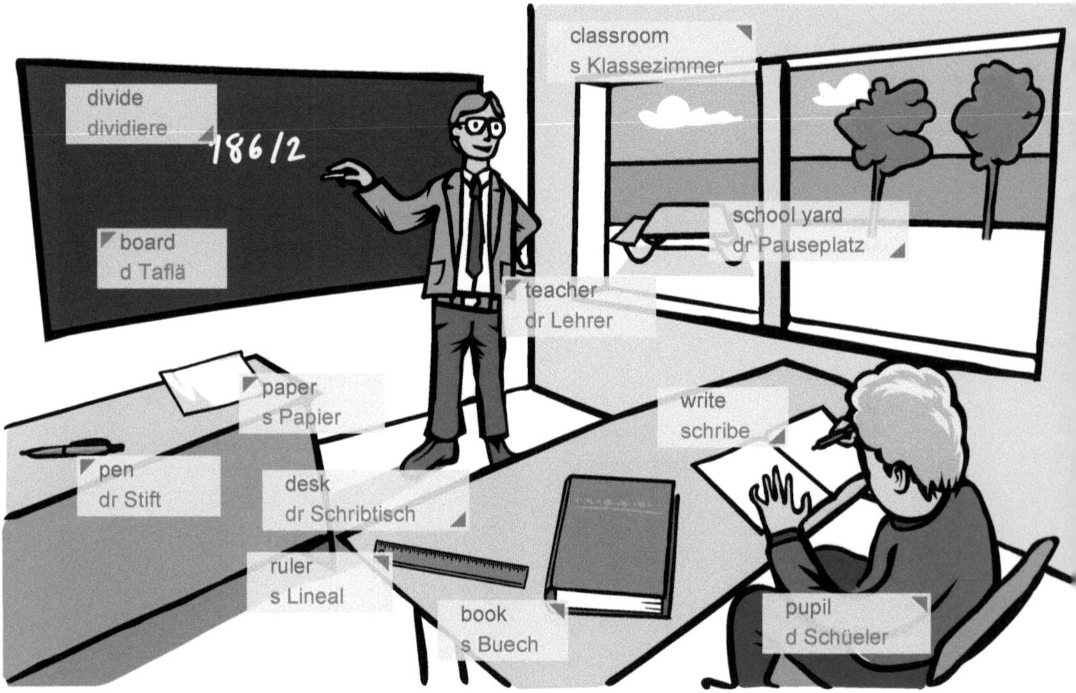
classroom
s Klassezimmer
divide
dividiere
186/2
board
d Taflä
teacher
dr Lehrer
school yard
dr Pauseplatz
paper
s Papier
write
schribe
pen
dr Stift
desk
dr Schribtisch
ruler
s Lineal
book
s Buech
pupil
d Schüeler

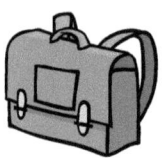

satchel

dr Thek

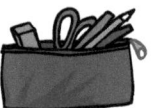

pencil case

s Etui

pencil

dr Bleistift

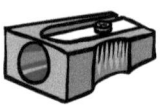

pencil sharpener

dr Spitzer

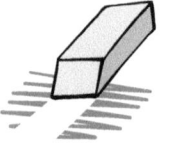

rubber

s Radiergummi

drawing pad

dr Zeicheblock

drawing

d Zeichnig

paintbrush

dr Pinsel

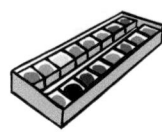

paint box

dr Malchaschte

scissors

d Schär

glue

dr Liim

exercise book

s Üebigsheft

homework

d Huusufgabe

number

d Zahl

add

addiere

subtract

subtrahiere

multiply

multipliziere

calculate

rächne

letter

dr Buechstabe

alphabet

s Alphabet

word

s Wort

text

dr Text

read

läse

chalk

d Kriide

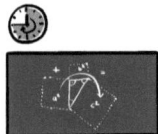

lesson

d Lektion

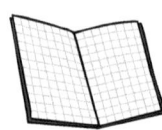

register

s Klassäbuech

exam

d Prüefig

certificate

s Zügnis

school uniform

d Schueluniform

education

d Usbildig

encyclopedia

d Enzyklopädie

university

d Universität

microscope

s Mikroskop

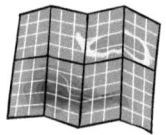

map

d Charte

waste-paper basket

dr Papierchorb

travel
d Reis

hotel
s Hotel
Grand
hostel
d Härbärg
ROOMS
bureau de change
d Wächselstube
car
s Auto

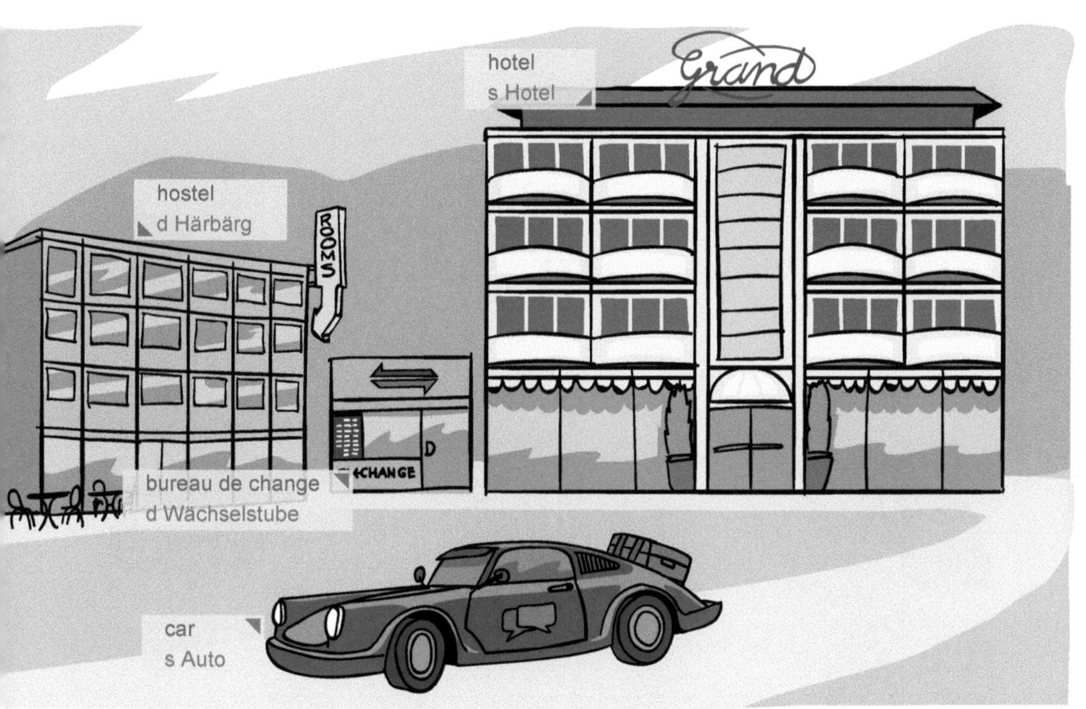

language
d Sprach

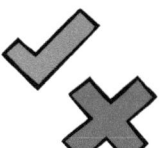

yes / no
jo / nei

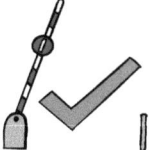

Okay
okay

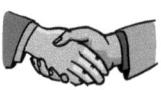

hello
Hallo

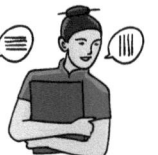

translator
dr Dolmetscher

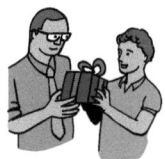

Thank you
Dankä

how much is…?

Was chostet…?

I do not understand

Ich vrstahs nöd

problem

s Problem

Good evening!

Guete Abig!

Good morning!

guete Morgä!

Good night!

guete Abig!

bye bye

Uf Wiederseh

direction

d Richtig

luggage

s Bagaasch

bag

d Täsche

backpack

dr Rucksack

guest

dr Gast

room

dr Ruum

sleeping bag

dr Schlafsack

tent

s Zält

travel - d Reis

tourist information	beach	credit card
d Touristeninformation	dr Strand	d Kreditkarte

breakfast	lunch	dinner
s Zmorge	s Zmittag	s Znacht

ticket	lift	stamp
s Billet	dr Ufzug	d Briefmarke

border	customs	embassy
d Gränze	dr Zoll	d Botschaft

visa	passport	
s Visum	dr Pass	

transport
dr Transport

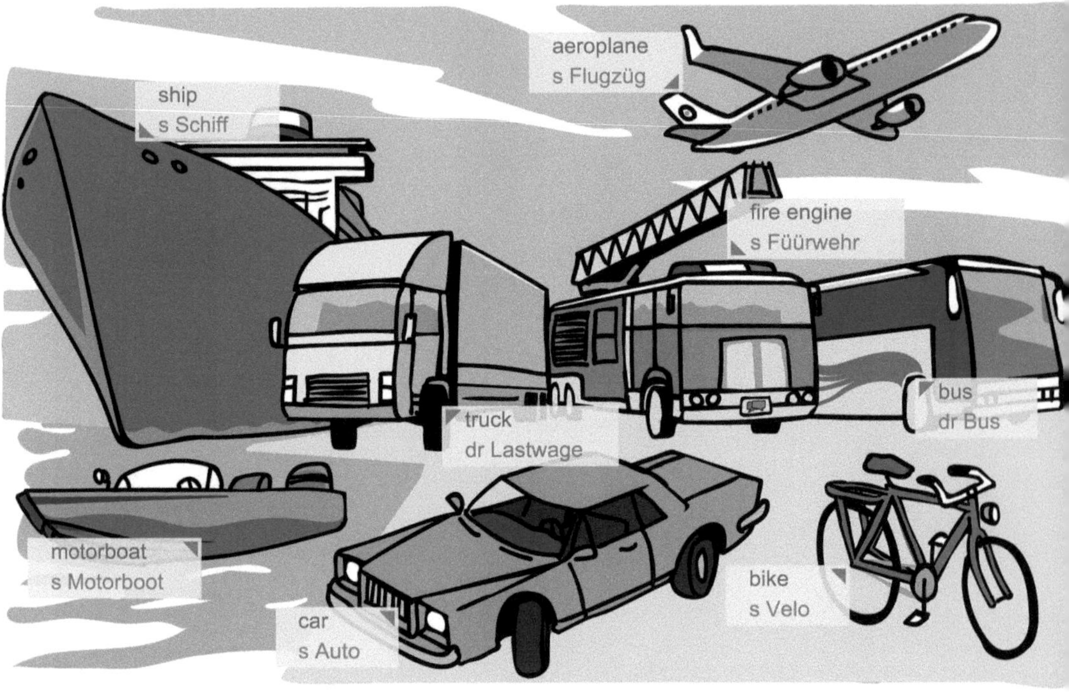

aeroplane
s Flugzüg
ship
s Schiff
fire engine
s Füürwehr
bus
dr Bus
truck
dr Lastwage
motorboat
s Motorboot
bike
s Velo
car
s Auto

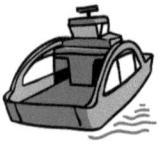

ferry

d Fähri

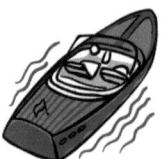

boat

s Boot

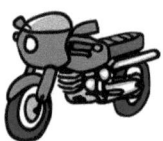

motorbike

s Töff

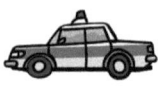

police car

s Polizeiauto

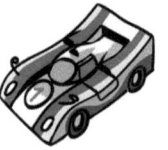

racing car

s Rännauto

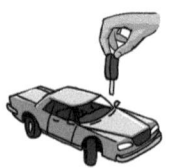

rental car

dr Mietwage

car sharing

s Carsharing

breakdown truck

dr Abschleppwage

refuse truck

dr Chübelwage

motor

dr Motor

fuel

s Benzin

petrol station

d Tankstell

traffic sign

s Verkehrsschild

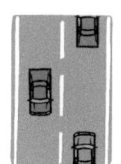

traffic

dr Verchehr

traffic jam

dr Stau

car park

dr Parkplatz

train station

dr Bahnhof

tracks

d Schiene

train

dr Zug

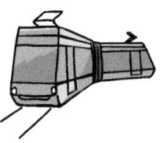

tram

d Strassebahn

carriage

dr Wagon

helicopter

dr Helikopter

airport

dr Flughafe

tower

dr Tower

passenger

dr Passagier

container

dr Container

carton

dr Karton

cart

dr Chare

basket

dr Korb

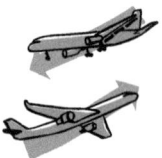

take off / land

starte / lande

city

d Stadt

village

s Dorf

city centre

s Stadtzentrum

house

s Huus

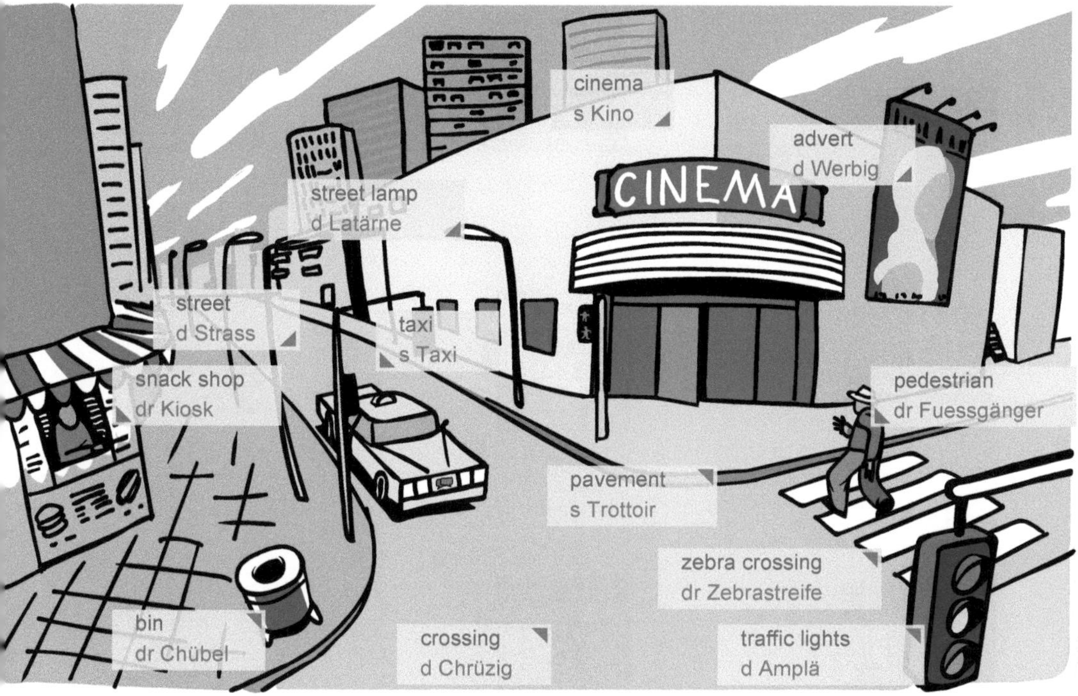

cinema
s Kino

advert
d Werbig

street lamp
d Latärne

CINEMA

street
d Strass

taxi
s Taxi

snack shop
dr Kiosk

pedestrian
dr Fuessgänger

pavement
s Trottoir

zebra crossing
dr Zebrastreife

bin
dr Chübel

crossing
d Chrüzig

traffic lights
d Amplä

hut

d Hütte

flat

d Wohnig

train station

dr Bahnhof

town hall

s Gmeindshuus

museum

s Museum

school

d Schuel

university

d Universität

bank

d Bank

hospital

s Spital

hotel

s Hotel

pharmacy

d Apotheke

office

s Büro

book shop

s Buechgschäft

shop

s Gschäft

florist's

dr Bluemelade

supermarket

dr Läbensmittellade

market

dr Märt

department store

s Chaufhuus

fishmonger's

dr Fischhändler

shopping centre

s Iihkaufszentrum

harbour

dr Hafe

city - d Stadt

park

dr Park

bench

d Bank

bridge

d Brugg

stairs

d Stäge

underground

d U-Bahn

tunnel

dr Tunnell

bus stop

d Bushaltestell

bar

d Bar

restaurant

s Restaurant

postbox

dr Briefchastä

street sign

s Strasseschild

parking meter

d Parkuhr

zoo

dr Zolli

swimming pool

d Badi

mosque

d Moschee

farm	pollution	graveyard
dr Buurehof	d Umwältvrschmutzig	dr Fridhof

church	playground	temple
d Chile	dr Spielplatz	dr Tämpel

landscape
d Landschaft

signpost
dr Wägwiiser

way
dr Wäg

meadow
d Wise

stone
dr Stei

tree
dr Baum

hiker
dr Wanderer

river
dr Fluss

grass
s Gras

flower
d Bluamä

valley

s Tal

hill

dr Bärg

lake

dr See

forest

dr Wald

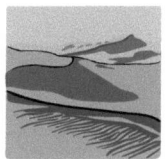

desert

d Wüeschti

volcano

dr Vulkan

castle

s Schloss

rainbow

dr Rägeboge

mushroom

dr Pilz

palm tree

d Palme

mosquito

dr Moskito

fly

d Fliege

ant

d Ameise

bee

s Biendli

spider

d Spinne

beetle

dr Chäfer

frog

dr Frosch

squirrel

s Eichhörnli

hedgehog

dr Igel

hare

dr Haas

owl

d Üle

bird

d Vogu

swan

dr Schwan

boar

s Wildschwein

deer

dr Hirsch

moose

dr Elch

dam

dr Damm

wind turbine

d Windturbine

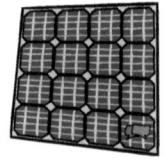

solar panel

dr Sunnekollektor

climate

s Klima

landscape - d Landschaft

restaurant
s Restaurant

waiter
dr Chällner
menu
d Spiischartä
chair
dr Stuehl
soup
d Suppä
pizza
d Pizza
cutlery
s Bsteck
tablecloth
d Tischdecki

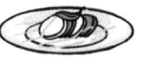

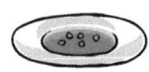

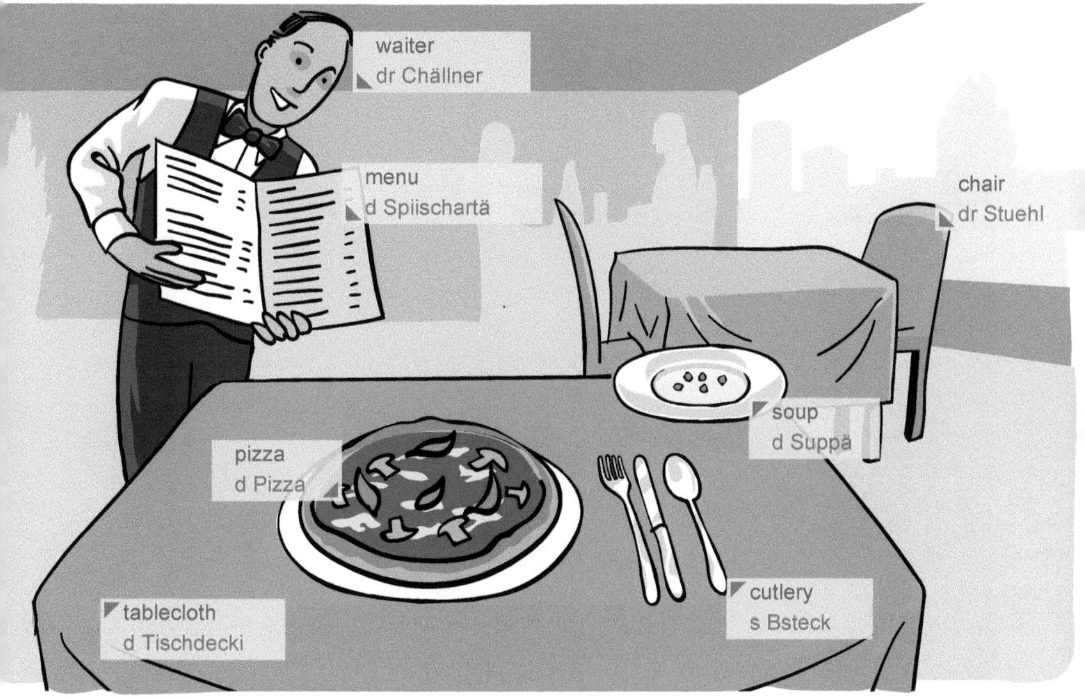

starter

d Vorspiies

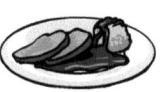

main course

s Hauptgricht

dessert

s Dessert

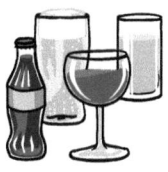

drinks

s Getränk

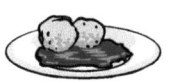

food

d Läbensmittel

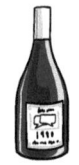

bottle

d Fläsche

fast food

s Fast Food

street food

s Street Food

teapot

d Teechanne

sugar bowl

d Zuckerdosä

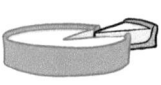

portion

d Portion

espresso machine

d Espressomaschine

high chair

dr Hochstuehl

bill

d Rächnig

tray

s Tablett

knife

s Mässer

fork

d Gable

spoon

dr Löffel

teaspoon

dr Teelöffel

serviette

d Serviette

glass

s Glas

restaurant - s Restaurant

plate

dr Täller

soup plate

dr Suppetällär

saucer

d Untertasse

sauce

d Sose

salt pot

dr Salzstreuer

pepper mill

d Pfäffermühli

vinegar

dr Essig

oil

s Öl

spices

d Gwürz

ketchup

ds Ketchup

mustard

dr Sänf

mayonnaise

d Mayonnaise

supermarket
dr Läbensmittellade

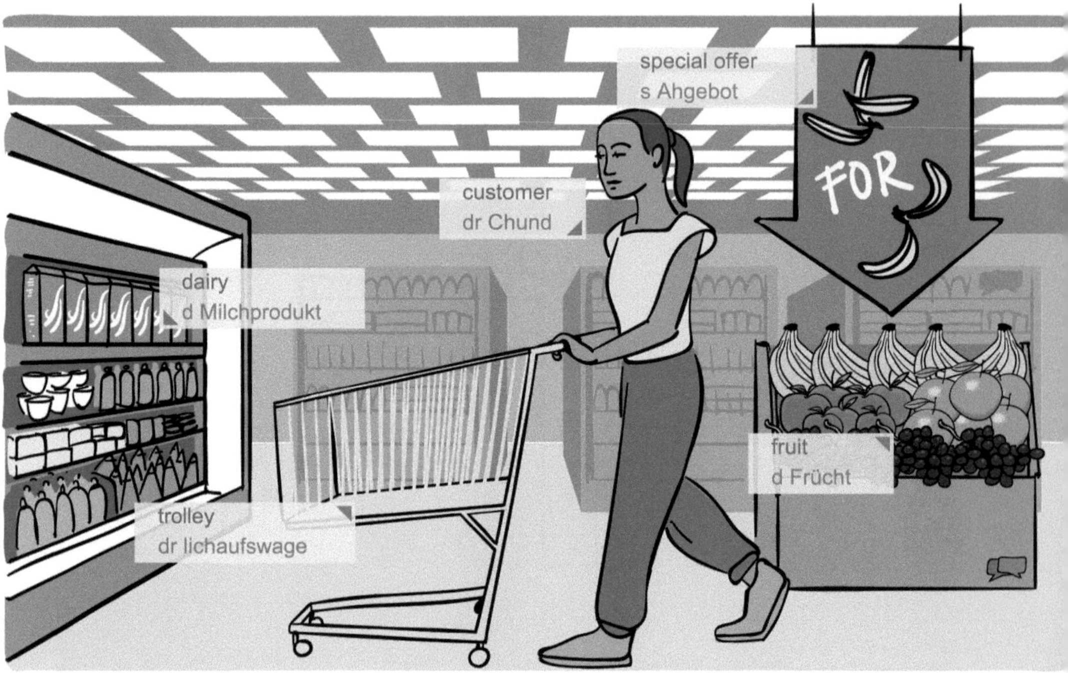

special offer
s Ahgebot
FOR
customer
dr Chund
dairy
d Milchprodukt
fruit
d Frücht
trolley
dr lichaufswage

BUTCHERS

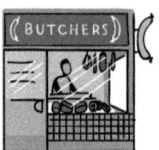

butcher´s

dr Schlachter

BAKERY

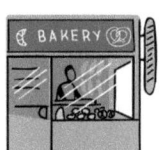

baker´s

dr Beck

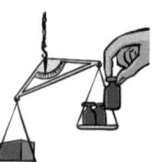

weigh

wiege

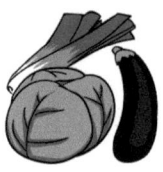

vegetables

s Gmües

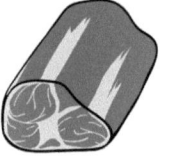

meat

s Fleisch

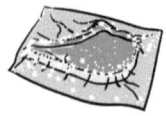

frozen food

d Tiefkühlprodukt

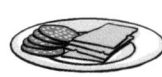

cold meat

dr Ufschnitt

tinned food

d Konsärve

washing powder

s Wöschmittel

sweets

d Süessigkeite

household products

d Huushaltartikel

cleaning products

s Putzmittel

salesperson

d Verchäuferin

till

d Kassä

cashier

dr Kassierer

shopping list

d Ihchaufsliste

opening hours

d Öffnigszite

wallet

s Portemonnaie

credit card

d Kreditkarte

bag

d Täsche

plastic bag

dr Plastiksack

water

s Wasser

juice

dr Saft

milk

d Milch

coke

d Cola

wine

dr Wii

beer

s Bier

alcohol

dr Alkohol

cocoa

s Ovi

tea

dr Tee

coffee

dr Kafi

espresso

dr Espresso

cappuccino

dr Cappuccino

banana

d Banane

apple

dr Öpfel

orange

d Orange

melon

d Melone

lemon

d Zitrone

carrot

s Rüebli

garlic

dr chnoobli

bamboo

dr Bambus

onion

d Zwiblä

mushroom

dr Pilz

nuts

d Nüss

noodles

d Nudle

spaghetti

d Spaghetti

rice

dr Riis

salad

dr Salat

chips

d Pommfrit

fried potatoes

d Bratherdöpfel

pizza

d Pizza

hamburger

dr Hamburgär

sandwich

s Sandwich

cutlet

s Gotlett

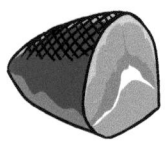

ham

dr Schinkä

salami

d Salami

sausage

s Würschtli

chicken

s Huehn

roast

dr Bratä

fish

dr Fisch

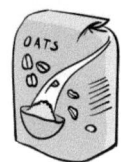

porridge oats

d Haferflocke

muesli

s Müesli

cornflakes

d Cornflakes

flour

s Mähl

croissant

s Gipfeli

bread roll

s Brötli

bread

s Brot

toast

dr Toscht

biscuits

s Guetzli

butter

d Butter

curd

dr Quark

cake

dr Chueche

egg

s Ei

fried egg

s Spiegelei

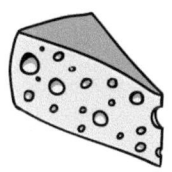

cheese

dr Chäs

ice cream

d Glace

sugar

dr Zucker

honey

dr Honig

jam

d Gonfi

chocolate spread

d Nougat-Creme

curry

s Curry

farm
dr Buurehof

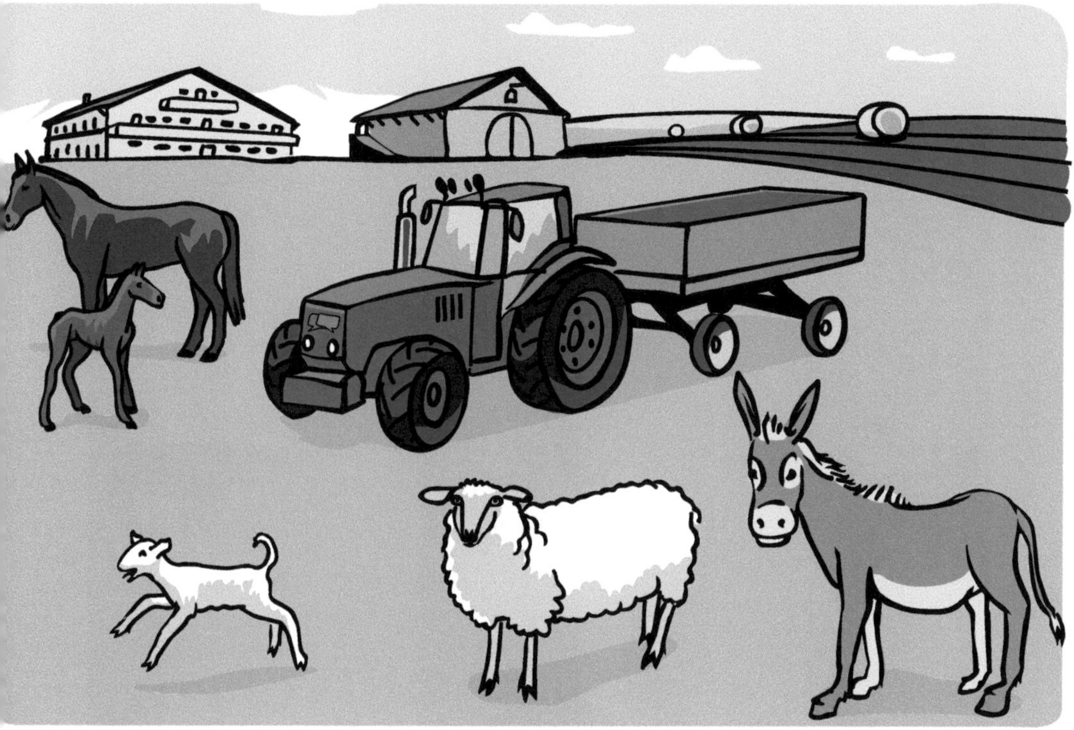

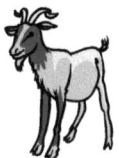

goat

d Geiss

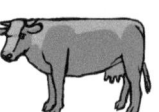

cow

d Chueh

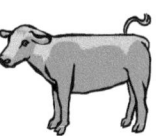

calf

s Chalb

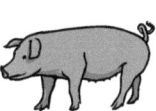

pig

d Sau

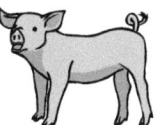

piglet

s Ferkel

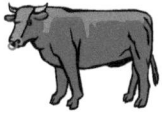

bull

s Rind

goose

d Gans

duck

d Änte

chick

s Küke

hen

s Huähn

cock

dr Güggel

rat

d Ratte

cat

d Chatz

mouse

d Muus

ox

dr Ochse

dog

dr Hund

doghouse

d Hundehütte

garden hose

dr Garteschluuch

watering can

d Giesschanne

scythe

d Sägese

plough

dr Pflueg

sickle

d Sichel

hoe

d Hacke

pitchfork

d Heugable

axe

d Axt

wheelbarrow

d Garette

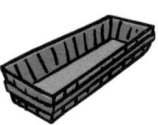

trough

dr Trog

milk can

d Milchchanne

sack

dr Sack

fence

dr Haag

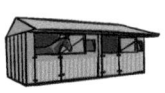

stable

dr Gadä

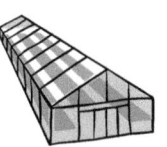

greenhouse

s Gwächshuus

soil

dr Bode

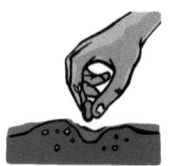

seed

dr Soome

fertilizer

dr Dünger

combine harvester

dr Mähdrescher

harvest

ärnte

harvest

d Ärnte

yams

d Yamswurzle

wheat

dr Weize

soy

s Soja

potato

dr Härdöpfel

corn

dr Mais

rapeseed

dr Raps

fruit tree

dr Obstbaum

cassava

dr Maniok

cereals

s Getreide

house
s Huus

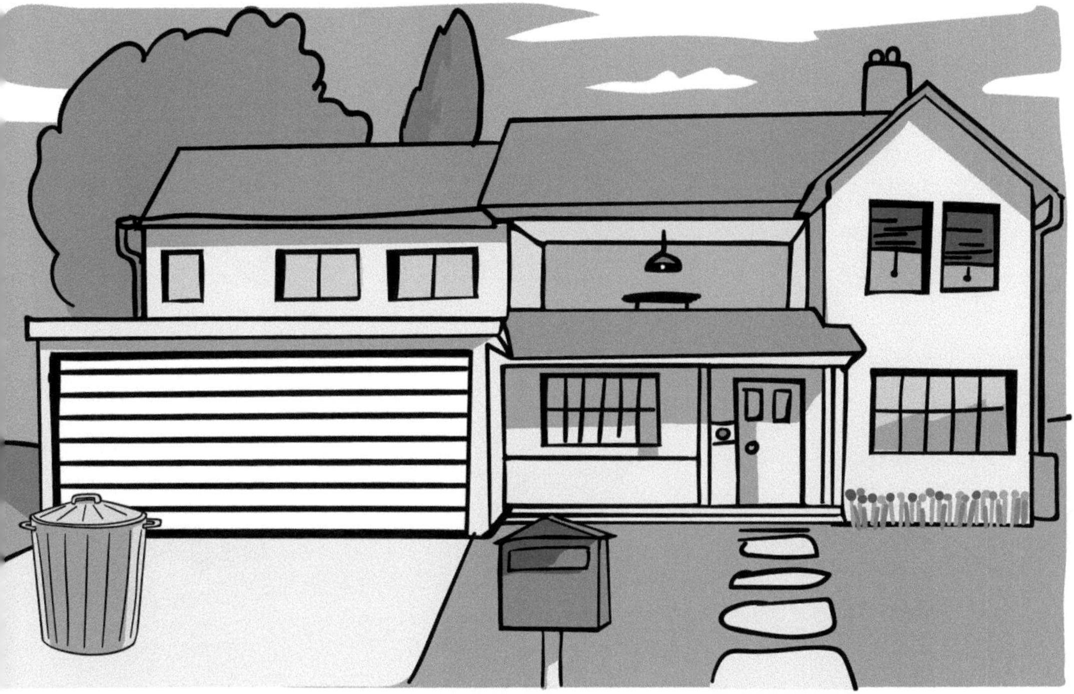

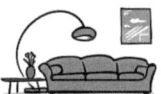

living room
s Stubä

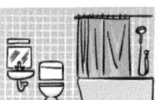

bathroom
s Badzimmer

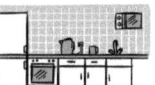

kitchen
d Chuchi

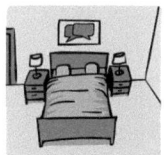

bedroom
s Schlofzimmer

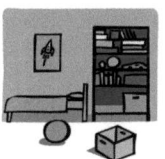

child's room
s Chinderzimmer

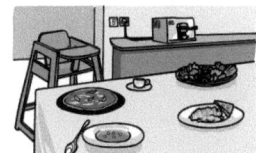

dining room
s Ässzimmer

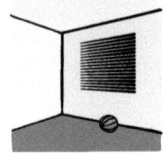

floor

dr Bodä

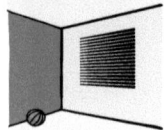

wall

d Wand

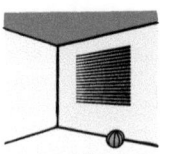

ceiling

d Decki

cellar

dr Chäller

sauna

d Sauna

balcony

dr Balkon

terrace

d Terasse

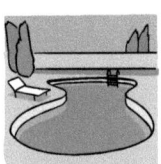

pool

s Pool

lawn mower

dr Rasemäier

sheet

dr Bettbezug

bedspread

d Bettdecki

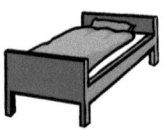

bed

s Bett

broom

dr Bäse

bucket

dr Chübel

switch

dr Schalter

living room

s Stubä

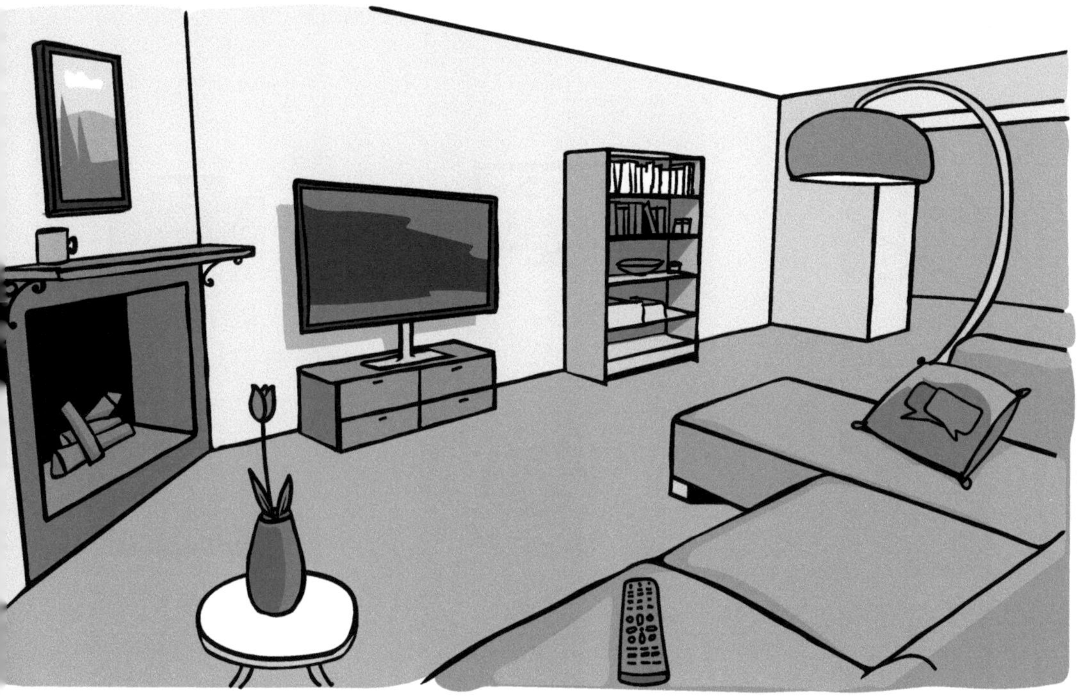

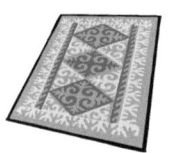

carpet
dr Teppich

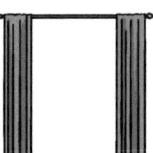

curtain
dr Vorhang

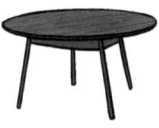

table
dr Tisch

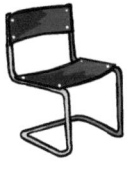

chair
dr Stuehl

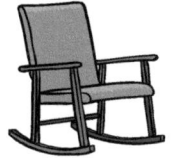

rocking chair
dr Schaukelstuehl

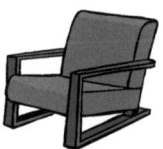

armchair
dr Sässel

book

s Buech

blanket

d Decki

decoration

d Dekoration

firewood

s Füürholz

film

dr Film

hi-fi equipment

d Stereoahlag

key

dr Schlüssel

newspaper

d Ziitig

painting

s Bild

poster

s Poster

radio

s Radio

notepad

dr Notizblock

hoover

dr Staubsuuger

cactus

dr Kaktus

candle

d Chärze

kitchen
d Chuchi

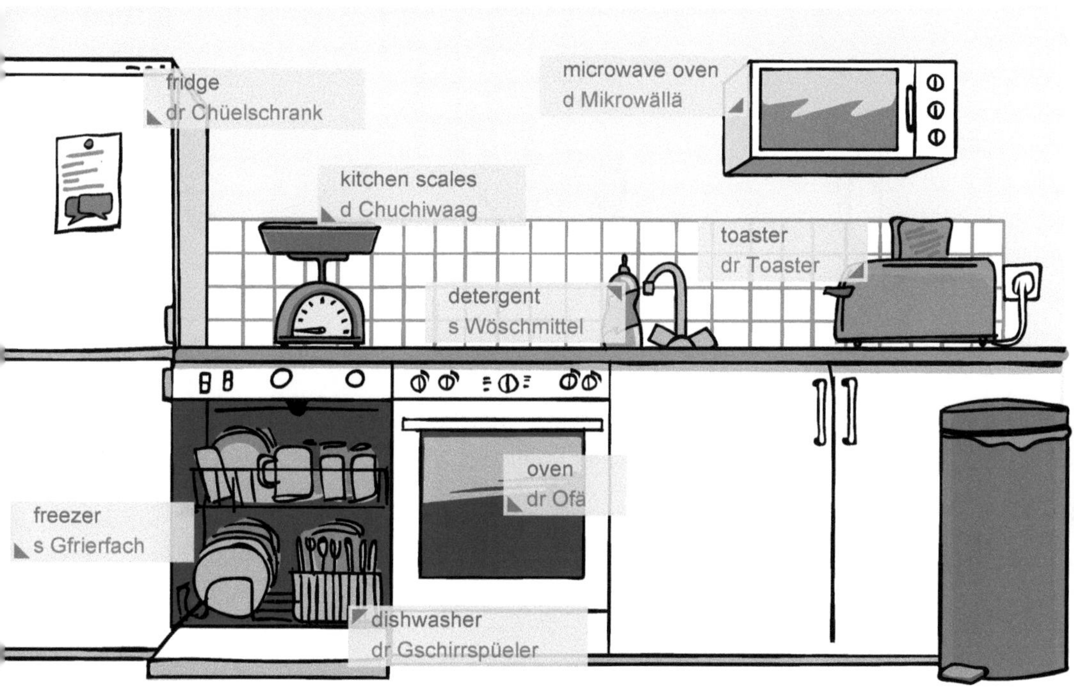

fridge
dr Chüelschrank
microwave oven
d Mikrowällä
kitchen scales
d Chuchiwaag
toaster
dr Toaster
detergent
s Wöschmittel
oven
dr Ofä
freezer
s Gfrierfach
dishwasher
dr Gschirrspüeler

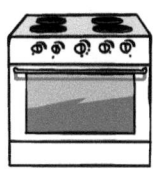

cooker
dr Härd

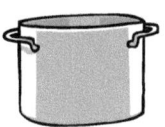

pot
dr Topf

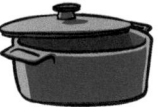

cast-iron pot
dr Iisetopf

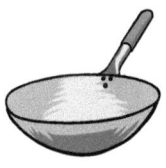

wok / kadai
dr Wok / Kadai

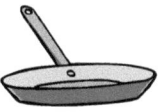

pan
d Pfanne

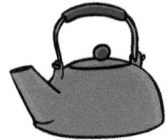

kettle
dr Wasserchocher

steamer

dr Dampfer

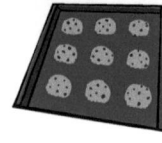

baking tray

s Bachbläch

crockery

s Gschirr

mug

dr Bächer

bowl

d Schale

chopsticks

d Stäbli

ladle

d Suppechellä

spatula

dr Pfannewänder

whisk

dr Schneebäse

strainer

s Sieb

sieve

s Sieb

grater

d Raffle

mortar

dr Mörser

barbecue

dr Grill

open fire

d Füürstell

chopping board

s Schniidbrätt

rolling pin

s Nudelholz

corkscrew

dr Korkäzieher

can

d Dosä

can opener

dr Dosäöffner

pot holder

dr Topflappä

sink

s Wöschbecki

brush

d Bürste

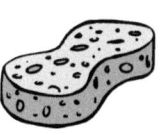

sponge

dr Schwumm

blender

dr Mixer

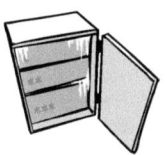

deep freezer

dr Gfrierschrank

baby bottle

s Babyfläschli

tap

dr Hahnä

bathroom

s Badzimmer

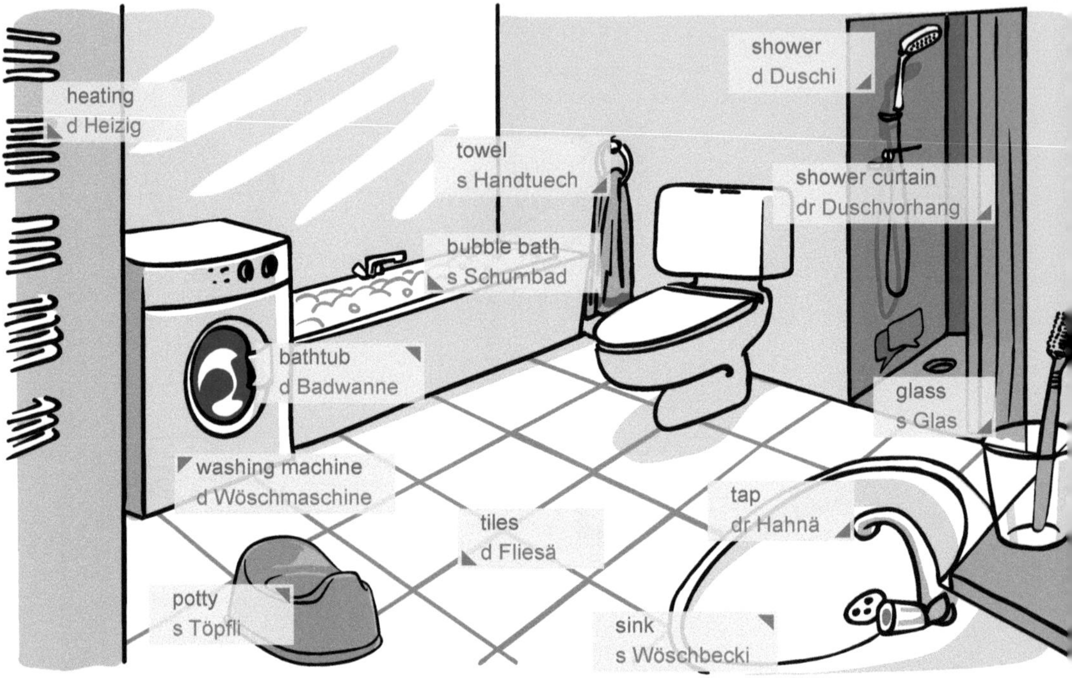

shower
d Duschi
heating
d Heizig
towel
s Handtuech
shower curtain
dr Duschvorhang
bubble bath
s Schumbad
bathtub
d Badwanne
glass
s Glas
washing machine
d Wöschmaschine
tap
dr Hahnä
tiles
d Fliesä
potty
s Töpfli
sink
s Wöschbecki

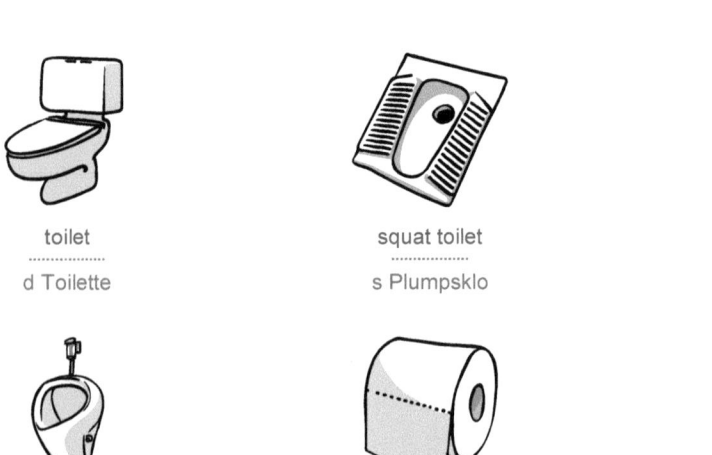

toilet

d Toilette

squat toilet

s Plumpsklo

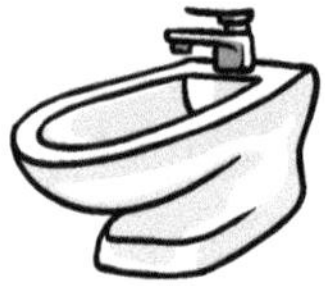

bidet

s Bidet

urinal

s Pissoir

toilet paper

ds Toilettepapier

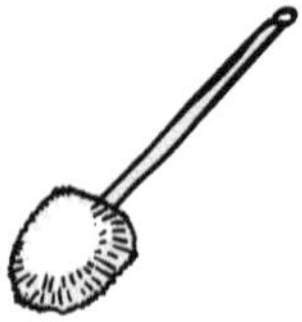

toilet brush

d Toilettebürschteli

toothbrush

d Zahbürstä

toothpaste

d Zahpasta

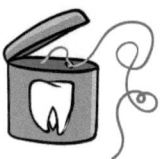

dental floss

d Zahnsiide

wash

wäsche

handheld shower

d Handduschi

douche

d Intiimduschi

basin

s Wöschbecki

back brush

d Ruggäbürste

soap

d Seifä

shower gel

s Duschgel

shampoo

s Shampoo

flannel

dr Waschlappä

drain

dr Abfluss

cream

d Creme

deodorant

s Deo

bathroom - s Badzimmer

39

mirror

dr Spiegel

hand mirror

dr Handspiegel

razor

dr Rasierer

shaving foam

dr Rasierschuum

aftershave

s Aftershave

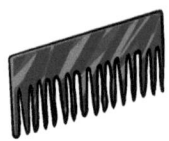

comb

dr Schträäl

brush

d Bürstä

hair dryer

dr Föhn

hairspray

s Hoorspray

makeup

s Makeup

lipstick

dr Lippestift

nail varnish

dr Nagellack

cotton wool

d Wattä

nail scissors

d Nagelscher

perfume

s Parfum

washbag

s Necessaire

stool

dr Schemel

weighing scale

d Waag

bathrobe

dr Badmantel

rubber gloves

dr Gummihändscheh

tampon

s Tampon

sanitary towel

d Damebinde

chemical toilet

d chemischi Toilette

child's room
s Chinderzimmer

alarm clock
dr Wecker
cuddly toy
s Kuscheltier
toy car
s Spielzügauto
rattle
d Rassle
doll's house
s Puppehuus
present
s Gschänk

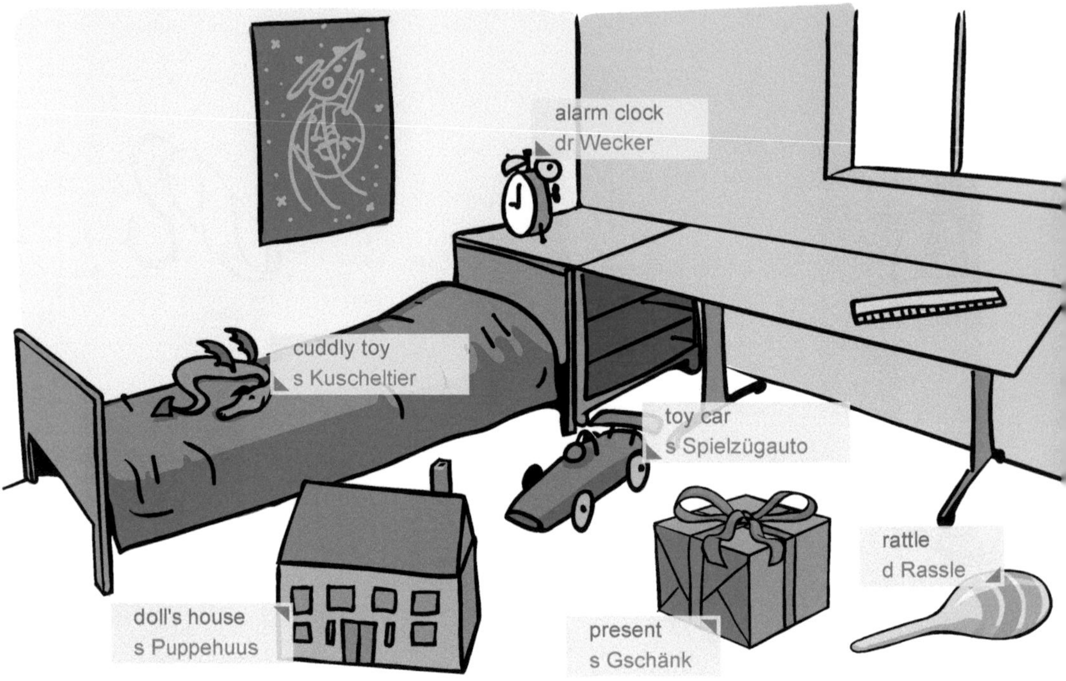

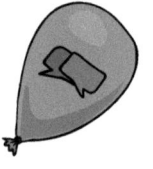

balloon

dr Ballon

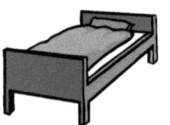

bed

s Bett

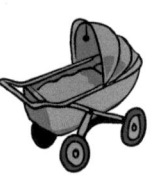

pram

dr Chinderwage

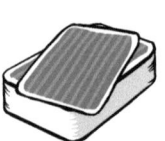

deck of cards

s Chartespiel

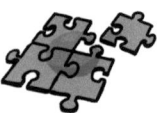

jigsaw

s Puzzle

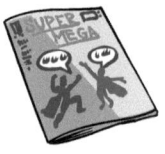

comic

dr Comic

lego bricks

d Legos

building blocks

d Baustei

action figure

d Action Figur

babygrow

s Strampli

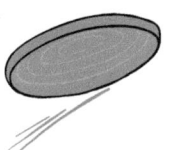

frisbee

s Frisbee

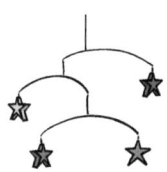

mobile

s Mobile

board game

s Brättspiel

dice

dr Würfäl

model train set

d Modellisebahn

dummy

dr Nuggi

party

d Party

picture book

s Bilderbuch

ball

dr Ball

doll

d Puppä

play

spiele

sandpit

dr Sandchaschte

swing

d Gigampfi

toys

s Spielzüg

video game console

d Videospielkonsole

tricycle

s Dreirad

teddy bear

dr Teddy

wardrobe

dr Chleiderschrank

clothing
d Chleidig

socks

d Sockä

stockings

d Strümpf

tights

d Strumpfhosä

scarf
dr Schal

umbrella
dr Rägeschirm

t-shirt
s T-Shirt

belt
dr Gürtel

boots
dr Stiefel

slippers
d Badschlappe

trainers
d Turnschueh

sandals
d Sandalä

shoes
d Schueh

rubber boots
d Gummistiefel

underpants
d Untrhosä

bra
dr BH

vest
s Underlibli

body

dr Body

trousers

d Hosä

jeans

d Jeans

skirt

dr Rock

blouse

d Bluse

shirt

s Hömli

pullover

dr Pulli

hoodie

dr Kapuzepulli

blazer

dr Blazer

jacket

d Jacke

coat

dr Mantel

raincoat

dr Rägämantel

costume

s Chostüm

dress

s Chleid

wedding dress

s Hochziitskleid

suit

dr Ahzug

nightgown

s Nachthömli

pyjamas

s Pyjama

sari

dr Sari

headscarf

s Chopftuäch

turban

dr Turban

burqa

d Burka

kaftan

dr Kaftan

abaya

d Abaya

swimsuit

s Badchleid

trunks

d Badhose

shorts

d churzi Hosä

tracksuit

dr Trainer

apron

d Schürze

gloves

d Händsche

button

dr Chnopf

glasses

d Brüllä

bracelet

s Armband

necklace

d Chetti

ring

dr Ring

earring

dr Ohrering

cap

d Chappe

coat hanger

dr Chleiderbügel

hat

dr Huet

tie

d Grawattä

zip

dr Riissverschluss

helmet

dr Helm

braces

dr Hosäträger

school uniform

d Schueluniform

uniform

d Uniform

bib

s Lätzli

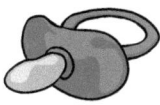

dummy

dr Nuggi

nappy

d Windle

office
s Büro

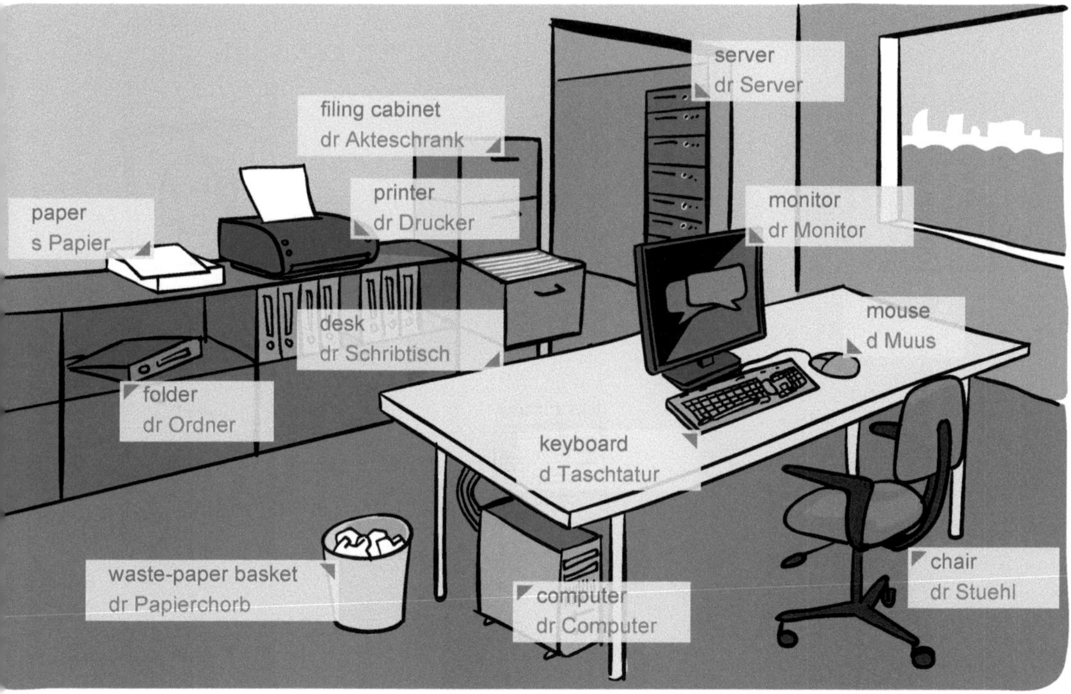

server
dr Server

filing cabinet
dr Akteschrank

printer
dr Drucker

paper
s Papier

monitor
dr Monitor

mouse
d Muus

desk
dr Schribtisch

folder
dr Ordner

keyboard
d Taschtatur

waste-paper basket
dr Papierchorb

chair
dr Stuehl

computer
dr Computer

coffee mug

dr Kafibächer

calculator

dr Tascherächner

internet

s Internet

laptop

dr Laptop

letter

dr Brief

message

d Nochricht

mobile

s Mobiltelefon

network

s Netzwärk

photocopier

dr Kopierer

software

d Software

telephone

s Telefon

plug socket

d Steckdosä

fax machine

s Fax

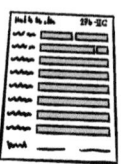

form

s Formular

document

s Dokumänt

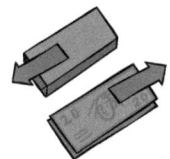

buy
chaufe

pay
zahle

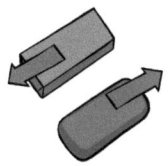

trade
handle

money
s Gäld

dollar
dr Dollar

euro
dr Euro

yen
dr Yen

rouble
dr Rubel

Swiss franc
dr Frankä

renminbi yuan
dr Renminbi Yuan

rupee
d Rupie

cashpoint
dr Gäldautomat

bureau de change

d Wächselstube

gold

s Gold

silver

s Silber

oil

s Öl

energy

d Energie

price

dr Preis

contract

dr Vertrag

tax

d Stüür

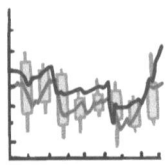

stock

d Aktie

work

schaffe

employee

dr Mitarbeiter

employer

dr Arbeitgeber

factory

d Fabrik

shop

s Gschäft

occupations
d Brüef

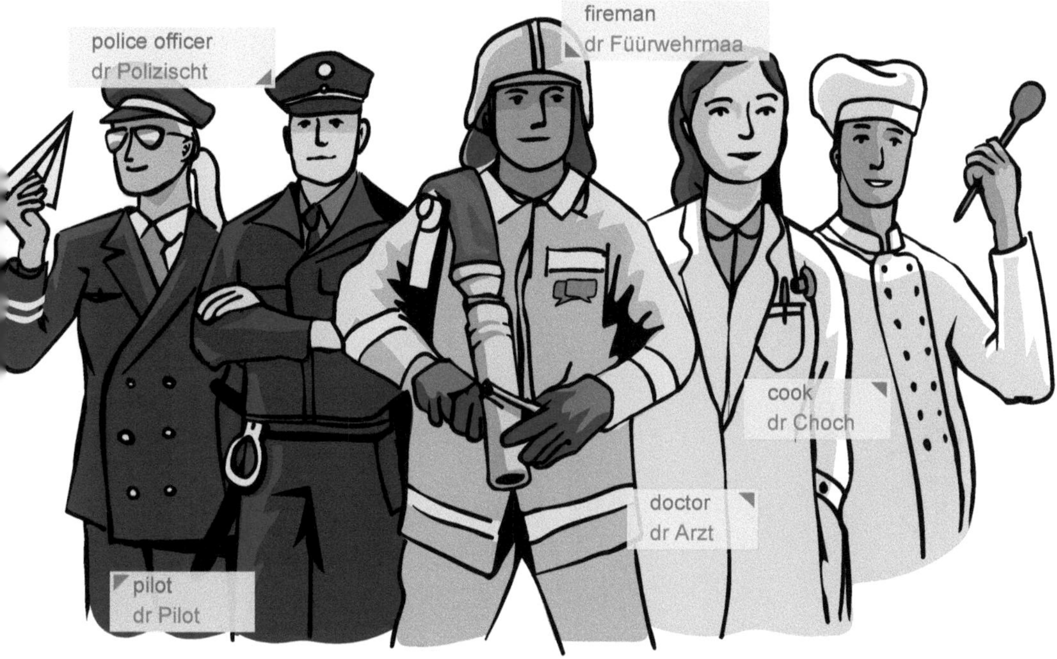

police officer
dr Polizischt
fireman
dr Füürwehrmaa
cook
dr Choch
doctor
dr Arzt
pilot
dr Pilot

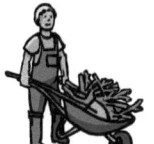

gardener

dr Gärtner

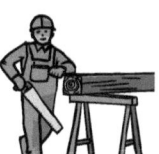

carpenter

dr Zimmermah

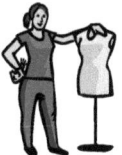

seamstress

d Näheri

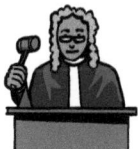

judge

dr Richter

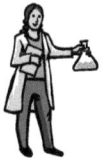

chemist

dr Chemiker

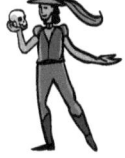

actor

dr Darsteller

bus driver

dr Busfahrer

taxi driver

dr Taxifahrer

fisherman

dr Fischer

cleaning lady

d Putzfrau

roofer

dr Dachdecker

waiter

dr Chällner

hunter

dr Jäger

painter

dr Moler

baker

dr Bäcker

electrician

dr Elektriker

builder

dr Bauarbeiter

engineer

dr Ingenieur

butcher

dr Schlachter

plumber

dr Klämpner

postman

dr Pöschtler

soldier

dr Soldat

architect

dr Architekt

cashier

dr Kassierer

florist

dr Florischt

hairdresser

dr Frisör

conductor

dr Kontrolleur

mechanic

dr Mechaniker

captain

dr Kapitän

dentist

dr Zahnarzt

scientist

dr Wüsseschaftler

rabbi

dr Rabbi

imam

dr Imam

monk

dr Mönch

clergyman

dr Pfarrer

tools

d Werkzüüg

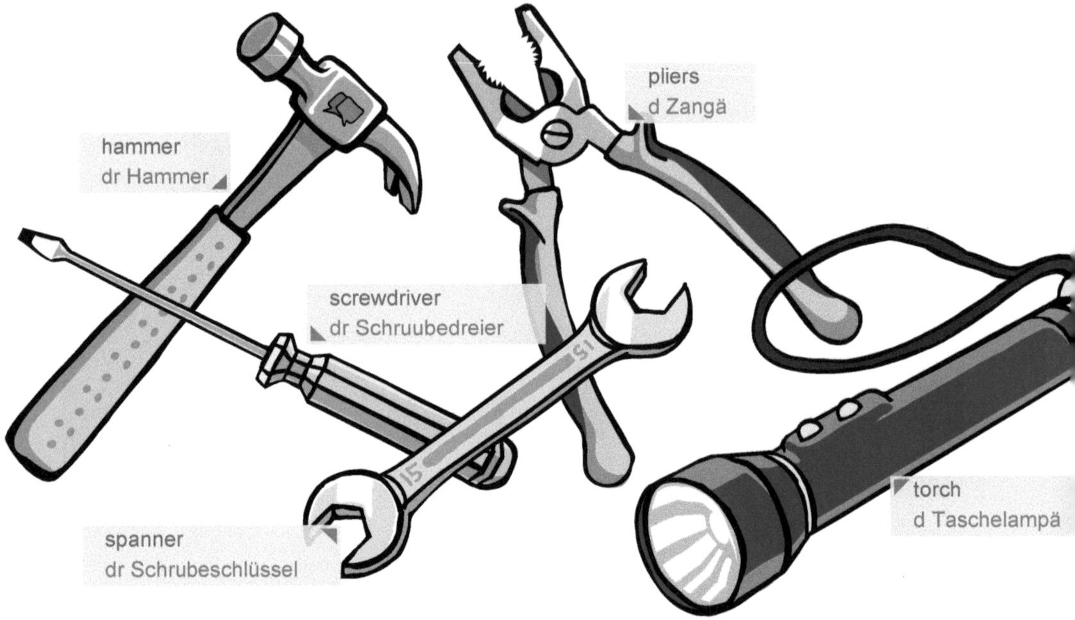

hammer
dr Hammer
pliers
d Zangä
screwdriver
dr Schruubedreier
spanner
dr Schrubeschlüssel
torch
d Taschelampä

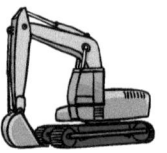

digger

dr Bagger

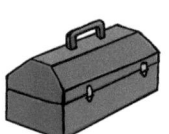

toolbox

dr Werkzüügchaschte

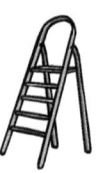

ladder

d Leitere

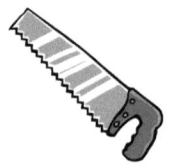

saw

d Sagi

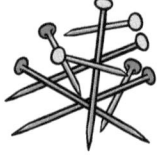

nails

d Negel

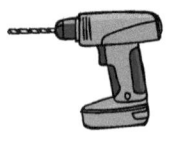

drill

dr Bohrer

repair

flicke

shovel

d Schufle

Damn!

Mischt!

dustpan

d Ascheschufle

paint pot

dr Farbchübel

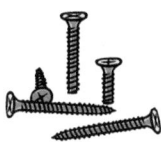

screws

d Schruube

musical instruments
d Musiginstrumänt

drum kit
s Schlagzüüg

loudspeaker
dr Luutsprächer

guitar
d Gitarre

double bass
dr Kontrabass

trumpet
d Trompetä

piano

s Klavier

violin

d Violine

bass

dr Bass

timpani

d Pauke

drums

d Trummle

keyboard

s Keyboard

saxophone

s Saxophon

flute

d Flöte

microphone

s Mikrofon

musical instruments - d Musiginstrumänt

zoo
dr Zolli

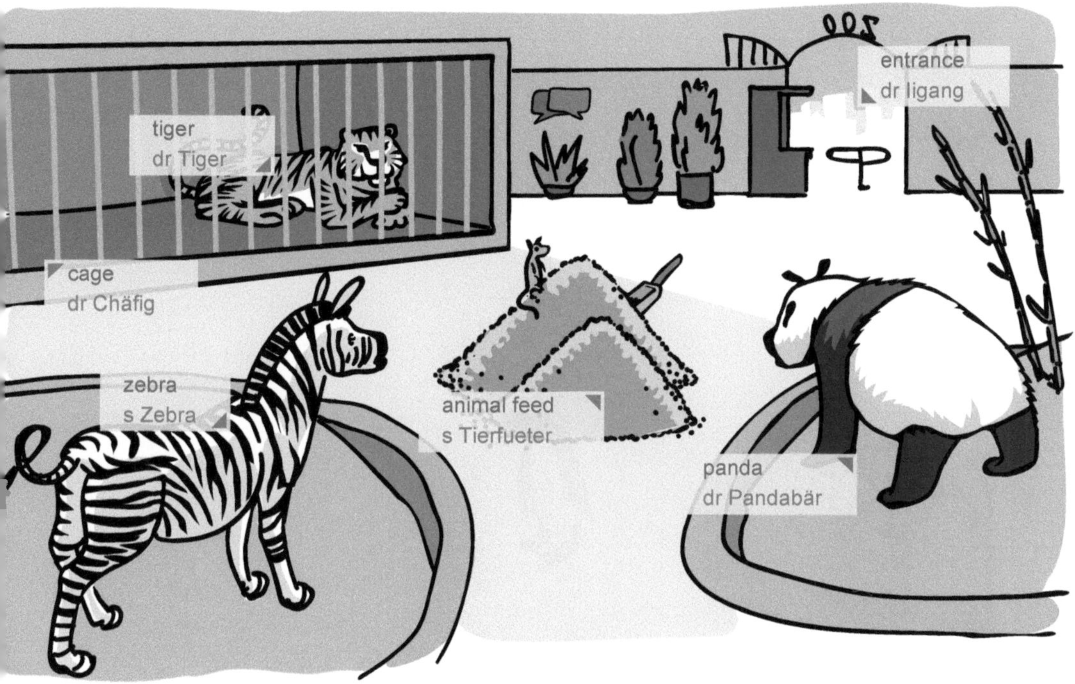
tiger
dr Tiger
entrance
dr Iigang
cage
dr Chäfig
zebra
s Zebra
animal feed
s Tierfueter
panda
dr Pandabär

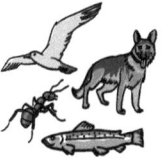

animals

d Tier

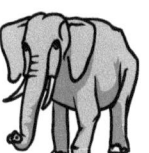

elephant

dr Elefant

kangaroo

s Känguru

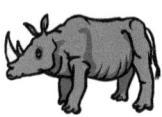

rhino

s Nashorn

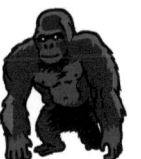

gorilla

dr Gorilla

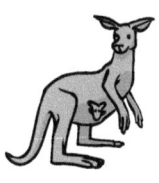

bear

dr Bär

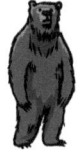

camel

s Kamel

ostrich

dr Struss

lion

dr Leu

monkey

dr Aff

flamingo

dr Flamingo

parrot

dr Papagei

polar bear

dr Iisbär

penguin

dr Pinguin

shark

dr Hai

peacock

dr Pfau

snake

d Schlangä

crocodile

s Krokodil

zookeeper

dr Zoowärter

seal

d Robbä

jaguar

dr Jaguar

pony

s Pony

leopard

dr Leopard

hippo

s Nilpfärd

giraffe

d Giraff

eagle

dr Adler

boar

s Wildschwein

fish

dr Fisch

turtle

d Schildkrot

walrus

s Walross

fox

dr Fuchs

gazelle

d Gazelle

American football
s American Football

cycling
s Velofahre

tennis
s Tennis

basketball
dr Basketball

swimming
s Schwümmä

boxing
s Boxä

ice hockey
s Ishockey

football
dr Fuessball

badminton
s Badminton

athletics
d Liechtathletik

handball
dr Handball

skiing
s Skifahre

polo
s Polo

jump
springä

laugh
lachä

hug
umarme

walk
gah

sing
singe

pray
bätte

kiss
küssä

dream
troime

write
schribe

draw
zeichne

show
zeige

push
schiebe

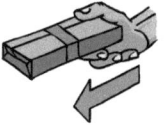

give
gäh

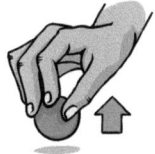

take
näh

have
häd

do
mache

be
sy

stand
stah

run
laufe

pull
zieh

throw
rüerä

fall
fallä

lie
ligge

wait
warte

carry
träge

sit
sitze

get dressed
ahzieh

sleep
schlafe

wake up
ufwache

activities - d Aktivitäte

look at

ahluege

cry

brüele

stroke

striichle

comb

bürste

talk

redä

understand

verschtah

ask

froog

listen

lose

drink

trinke

eat

ässe

tidy up

ufruume

love

liebe

cook

chochä

drive

fahre

fly

flüge

sail

segle

calculate

rächne

read

läse

learn

leerä

work

schaffe

marry

hürate

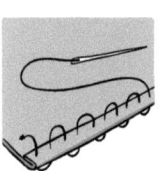

sew

näije

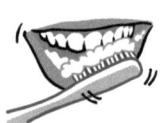

brush teeth

Zäh putze

kill

töte

smoke

schlootä

send

sände

grandmother
Grossmuetter

grandfather
dr Grossvater

father
dr Vatter

mother
d Muetter

baby
s Baby

daughter
d Tochter

son
dr Sohn

guest

dr Gast

aunt

d Tante

uncle

dr Unkel

brother

dr Brüeder

sister

d Schwöschter

body
dr Körpär

forehead
d Stirn
eye
ds Aug
shoulder
d Schultere
finger
dr Fingär
face
s Gsicht
chin
s Chüni
hand
d Hand
leg
s Bei
breast
d Bruscht
arm
dr Arm

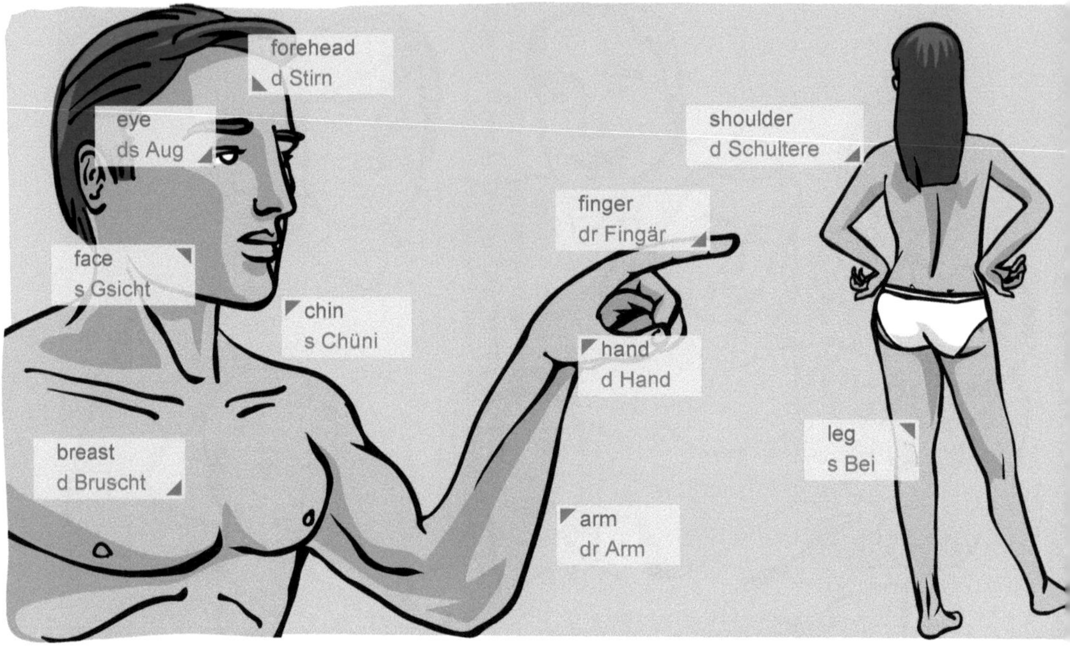

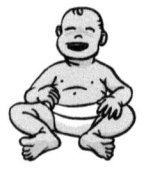

baby
s Baby

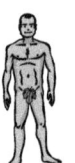

man
dr Mah

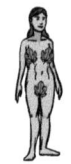

woman
d Frau

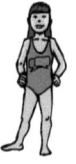

girl
s Meitli

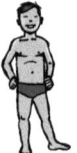

boy
dr Bueb

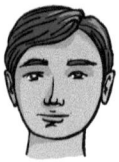

head
dr Chopf

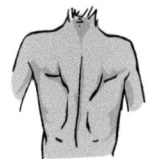

back
....
dr Ruggä

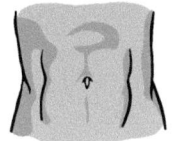

belly
....
dr Buuch

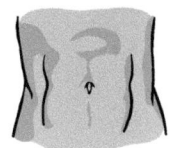

belly button
....
dr Buchnabel

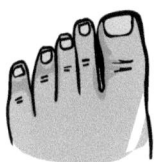

toe
....
dr Zäche

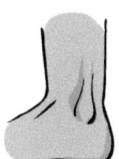

heel
....
d Fersä

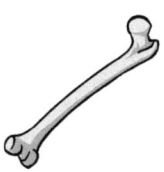

bone
....
d Knoche

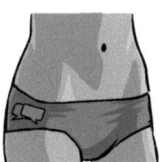

hip
....
d Hüfte

knee
....
s Chnü

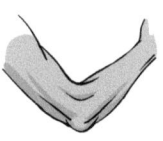

elbow
....
dr Ellbogä

nose
....
d Nase

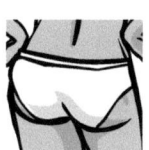

bottom
....
s Füdli

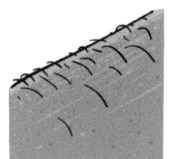

skin
....
d Hut

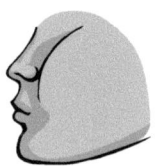

cheek
....
d Bagge

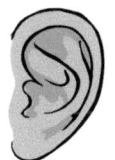

ear
....
s Ohr

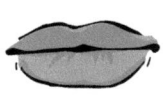

lip
....
d Lippe

body - dr Körpär

mouth

s Muul

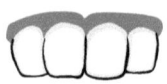

tooth

dr Zah

tongue

d Zungä

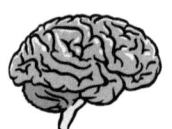

brain

s Hirni

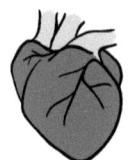

heart

s Härz

muscle

dr Muskel

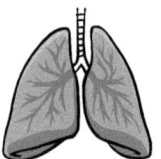

lung

d Lungä

liver

d Läberä

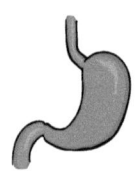

stomach

dr Magen

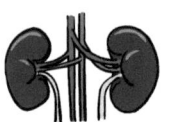

kidneys

d Nierä

sex

dr Gschlächtsvrkehr

condom

s Kondom

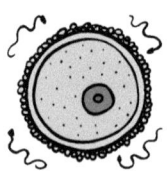

ovum

d Eizälle

semen

dr Soome

pregnancy

d Schwangerschaft

body - dr Körpär

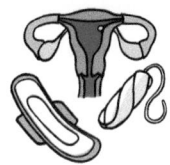

menstruation

d Menstruation

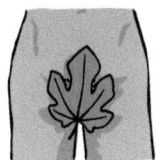

vagina

d Vagina

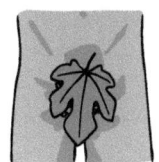

penis

dr Penis

eyebrow

d Augebrauä

hair

s Haar

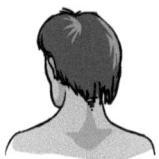

neck

dr Hals

hospital
s Spital

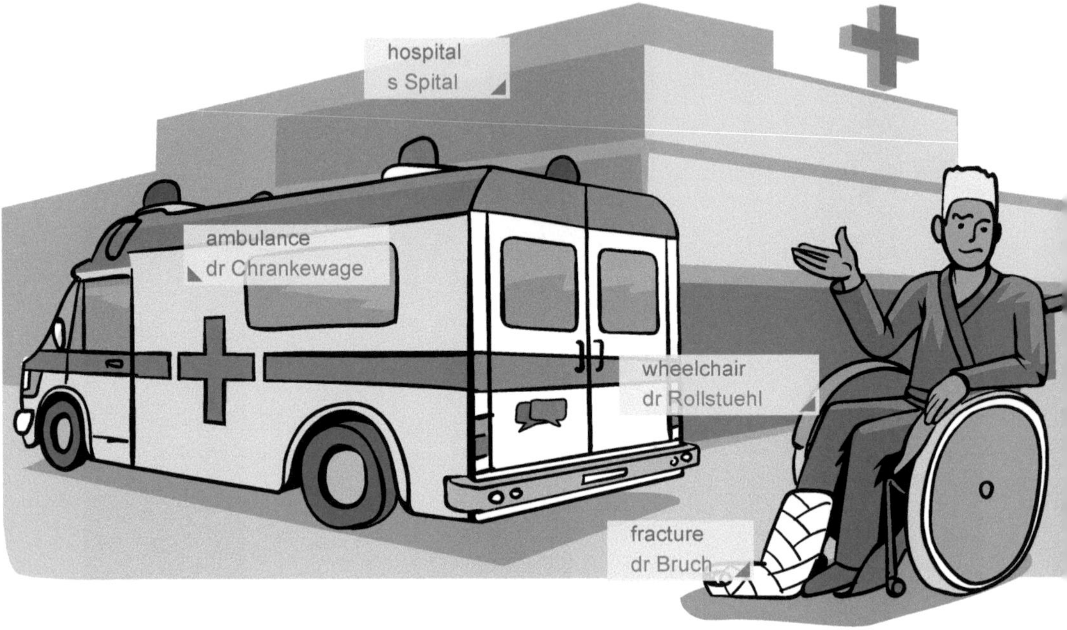

hospital
s Spital
ambulance
dr Chrankewage
wheelchair
dr Rollstuehl
fracture
dr Bruch

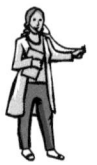

doctor
dr Arzt

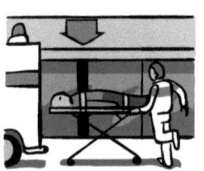

emergency room
d Notufnahm

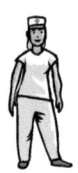

nurse
d Chrankeschwöschter

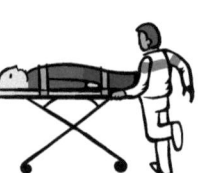

emergency
dr Notfall

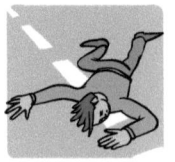

unconscious
ohnmächtig

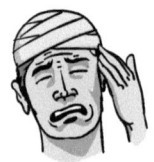

pain
dr Schmärz

injury

d Verletzig

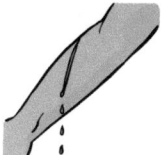

bleeding

d Bluätig

heart attack

dr Härzinfarkt

stroke

dr Schlagahfall

allergy

d Allergie

cough

dr Hueschtä

fever

s Fieber

flu

d Grippe

diarrhoea

dr Durchfall

headache

d Kopfschmärze

cancer

dr Kräbs

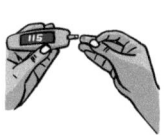

diabetes

dr Diabetes

surgeon

dr Chirurg

scalpel

s Skalpell

operation

d Operation

hospital - s Spital

CT

s CT

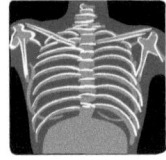

x-ray

s Röntgä

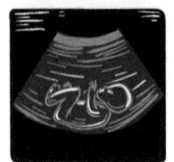

ultrasound

s Ultraschall

face mask

d Gsichtsmaske

disease

d Krankhet

waiting room

s Wartezimmer

crutch

d Krückä

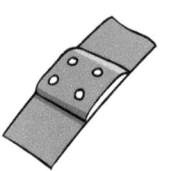

plaster

s Pflaster

bandage

dr Vrband

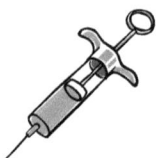

injection

d Injektion

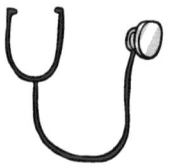

stethoscope

s Stethoskop

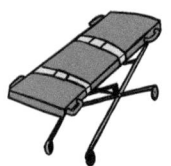

stretcher

d Trage

clinical thermometer

s Thermometer

birth

d Geburt

overweight

s Übergwicht

hospital - s Spital

hearing aid

s Hörgrät

disinfectant

s Desinfektionsmittel

infection

d Infektion

virus

s Virus

HIV / AIDS

s HIV / AIDS

medicine

d Medizin

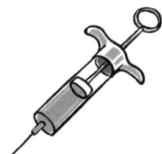

vaccination

d Impfig

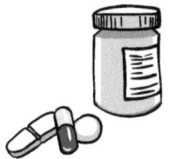

tablets

d Tablette

pill

d Pille

emergency call

dr Notruef

blood pressure monitor

s Bluetdruck-Mässgrät

ill / healthy

chrank / gsund

Help!

Hiufe!

alarm

dr Alarm

assault

dr Überfall

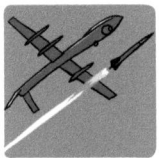

attack

dr Ahgriff

danger

d Gfohr

emergency exit

dr Notuusgang

Fire!

Füür!

fire extinguisher

dr Füürlöscher

accident

dr Unfall

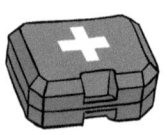

first-aid kit

dr Ersti-Hilf-Koffer

SOS

SOS

police

d Polizei

Europe

s Europa

North America

s Nordamerika

South America

s Südamerika

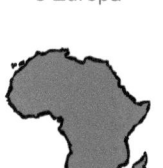

Africa

s Afrika

Asia

s Asie

Australia

s Auschtralie

Atlantic

dr Atlantik

Pacific

dr Pazifik

Indian Ocean

dr Indische Ozean

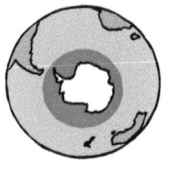

Antarctic Ocean

dr Antarktische Ozean

Arctic Ocean

dr Arktische Ozean

North Pole

dr Nordpol

South Pole

dr Südpol

Antarctica

d Antarktis

Earth

d Ärde

land

s Land

sea

s Meer

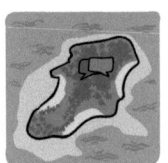

island

d Inslä

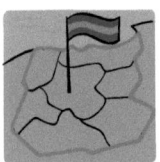

nation

d Nation

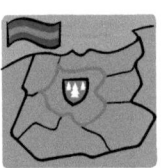

state

dr Staat

clock face

s Zittereblatt

hour hand

dr Stundezeiger

minute hand

dr Minutezeiger

second hand

dr Sekundezeiger

What time is it?

Wie spaht isch es?

day

dr Tag

time

d Zit

now

jetzt

digital watch

d Digitaluhr

minute

d Minute

hour

d Stunde

week

d Wuche

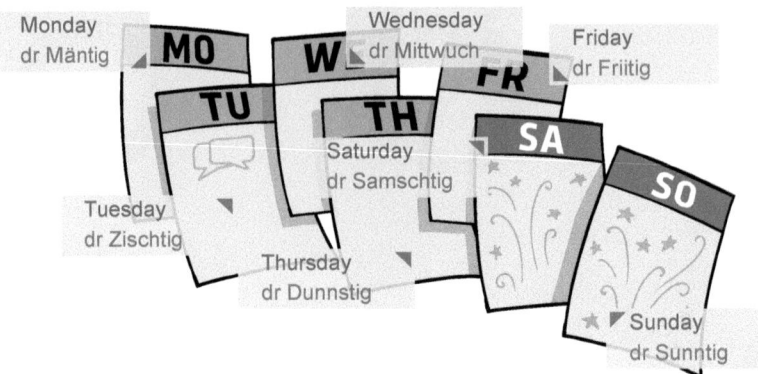

Monday
dr Mäntig

Tuesday
dr Zischtig

Wednesday
dr Mittwuch

Thursday
dr Dunnstig

Friday
dr Friitig

Saturday
dr Samschtig

Sunday
dr Sunntig

yesterday
....
geschter

today
....
hüt

tomorrow
....
morn

morning
....
dr Morgä

noon
....
dr Mittag

evening
....
dr Aabig

business days
....
d Wärktag

weekend
....
s Wuchenänd

year
s Johr

rain
dr Räge
snow
dr Schnee
wind
dr Wind
spring
dr Früelig
autumn
dr Herbscht
summer
dr Summer
winter
dr Winter

4.APRIL 11°
5.APRIL 4°
6.APRIL 13°
7.APRIL 8°
8.APRIL 10°

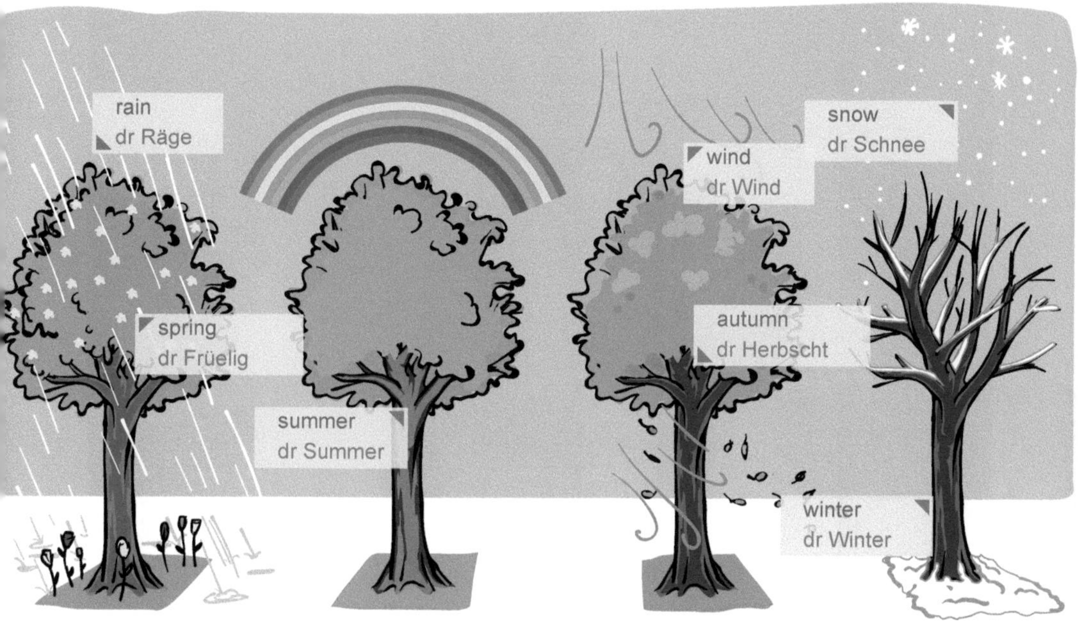

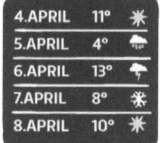

weather forecast

d Wättervorhärsag

F
C
120
90
60
30
0
-30
40
30
20
10
0
-10
-20

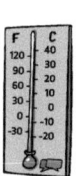

thermometer

s Thermometer

sunshine

dr Sunneschiin

cloud

d Wolkä

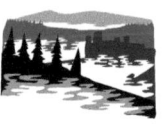

fog

d Näbel

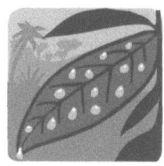

humidity

d Fiechtigkeit

lightning

dr Blitz

thunder

dr Dunner

storm

dr Sturm

hail

d Hagel

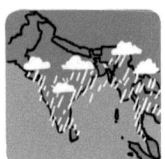

monsoon

dr Monsun

flood

d Fluet

ice

s Iis

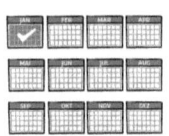

January

dr Januar

February

dr Februar

March

dr März

April

dr April

May

dr Mai

June

dr Juni

July

dr Juli

August

dr Auguscht

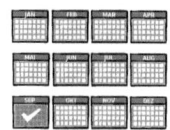

September
....
dr Septämber

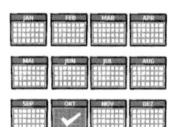

October
....
dr Oktober

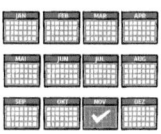

November
....
dr Novämber

December
....
dr Dezämber

circle
....
dr Kreis

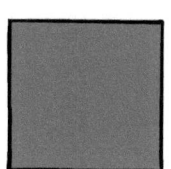

square
....
s Quadrat

rectangle
....
s Rächteck

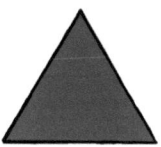

triangle
....
s Dreieck

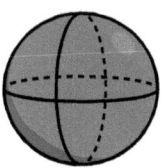

sphere
....
d Chugele

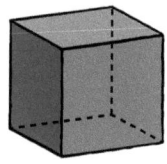

cube
....
dr Würfel

d Farbä

white
....
wiss

yellow
....
gäl

orange
....
orange

pink
....
pink

red
....
rot

purple
....
liila

blue
....
blau

green
....
grüen

brown
....
bruun

grey
....
grau

black
....
schwarz

a lot / a little
....
viel / wenig

angry / calm
....
hässig / ruhig

beautiful / ugly
....
hübsch / hässlich

beginning / end
....
dr Ahfang / s Ändi

big / small
....
gross / chli

bright / dark
....
hell / dunkel

brother / sister
....
dr Brüeder / d Schwöschter

clean / dirty
....
suuber / dräckig

complete / incomplete
....
vollständig / unvollständig

day / night
....
dr Tag / d Nacht

dead / alive
....
tot / läbig

wide / narrow
....
breit / schmal

edible / inedible

ässbar / nid ässbar

evil / kind

bös / fründlich

excited / bored

uffreggt / glangwilt

fat / thin

dick / dünn

first / last

zerscht / zletscht

friend / enemy

dr Fründ / dr Find

full / empty

voll / läär

hard / soft

hart / weich

heavy / light

schwer / liecht

hunger / thirst

dr Hunger / dr Durscht

ill / healthy

chrank / gsund

illegal / legal

illegal / legal

intelligent / stupid

intelligänt / gatz

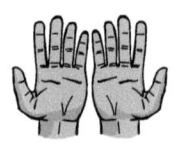

left / right

links / rächts

near / far

nöch / wiit weg

new / used
neu / bruucht

nothing / something
nüt / öpis

old / young
alt / jung

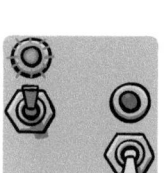

on / off
ah / uss

open / closed
offe / zue

quiet / loud
lislig / luut

rich / poor
riich / arm

right / wrong
richtig / falsch

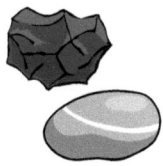

rough / smooth
rau / glatt

sad / happy
truurig / glücklich

short / long
churz / lang

slow / fast
langsam / schnäll

wet / dry
nass / trochä

warm / cool
warm / chalt

war / peace
dr Chrieg / dr Friede

numbers

d Zahlä

0	**1**	**2**
zero	one	two
Null	eis	zwei
3	**4**	**5**
three	four	five
drü	vier	foif
6	**7**	**8**
six	seven	eight
sächs	sibe	acht
9	**10**	**11**
nine	ten	eleven
nün	zäh	elf

12

twelve

zwölf

13

thirteen

drizäh

14

fourteen

vierzäh

15

fifteen

füfzäh

16

sixteen

sächzäh

17

seventeen

siebzäh

18

eighteen

achtzäh

19

nineteen

nünzäh

20

twenty

zwänzg

100

hundred

Hundert

1.000

thousand

Tuusig

1.000.000

million

Million

English

Änglisch

American English

Amerikanischs Änglisch

Chinese Mandarin

Chinesisch Mandarin

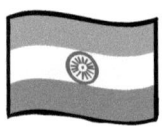

Hindi

Hindi

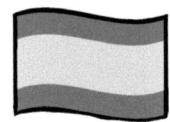

Spanish

Spanisch

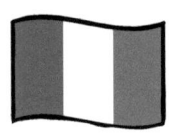

French

Französisch

Arabic

Arabisch

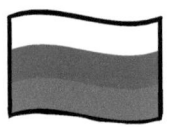

Russian

Russisch

Portuguese

Portugiesisch

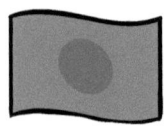

Bengali

Bengalisch

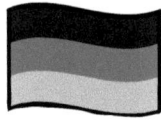

German

Dütsch

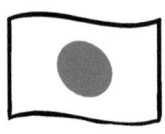

Japanese

Japanisch

I

ich

you

du

he / she / it

är / sie / es

we

mir

you

ihr

they

sie

who?

wär?

what?

was?

how?

wie?

where?

wo?

when?

wänn?

name

Name

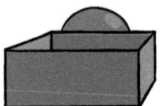

behind

hinder

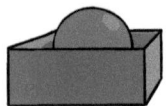

in

in

in front of

vor

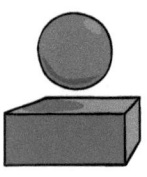

over

über

on

uf

under

under

beside

näbe

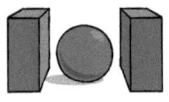

between

zwüsche

place

dr Ort